LES PESTES

EN BOURGOGNE

1349-1636

PAR

CLÉMENT-JANIN

DIJON

IMPRIMERIE ET LITHOGRAPHIE F. CARRÉ

rue Amiral-Roussin, 40

1879

LES PESTES

EN BOURGOGNE

1349-1636

Tiré à 100 exemplaires :

10 sur papier jaune-peste, numérotés de 1 à 10.

50 sur papier vergé, numérotés de 11 à 60.

40 sur papier ordinaire, numérotés de 61 à 100.

———

N° *43.*

LES PESTES

EN BOURGOGNE

1349-1636

PAR

CLÉMENT-JANIN

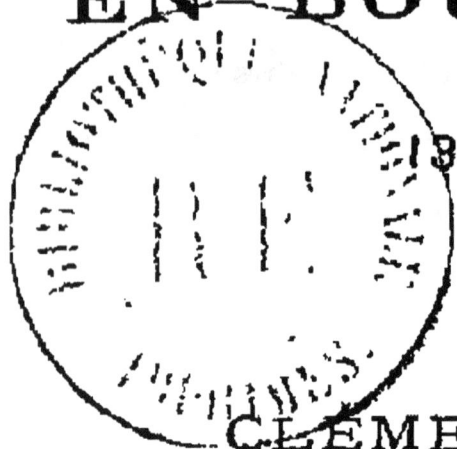

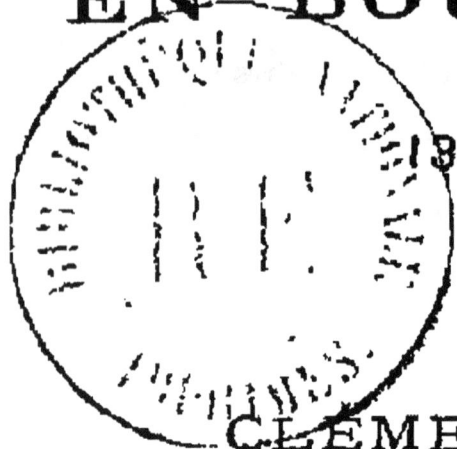

DIJON

IMPRIMERIE ET LITHOGRAPHIE F. CARRÉ

rue Amiral-Roussin, 40

—

1879

L'émotion était grande en Europe il y a quelques mois. On signalait des cas de peste aux environs d'Astrakan, et chaque Etat s'entourait déjà d'un cordon sanitaire.

Etait ce bien la peste qui faisait ainsi frissonner le monde ?

« Ce que nous savons de plus certain d'après les rapports du docteur Doppmer, — disait M. Fauvel dans la séance de l'Académie de médecine de Paris du 26 février dernier, — nous autorise à affirmer qu'une épidémie pestilentielle, précédée, dès le mois

d'octobre, d'une épidémie de lymphan-
gite, a éclaté dans le bourg de Vet-
lianka; que le mal est d'une extrême
malignité, tue la plupart de ceux qu'il
atteint; qu'il est contagieux au plus
haut degré et présente enfin les carac-
tères de la peste bubonique ou orien-
tale » (1).

Depuis, on a porté le feu dans les
pays infectés, et tout danger a disparu.

C'est donc, il me semble, le moment
de rechercher ce qu'ont été les pestes
en Bourgogne, et quelles cicatrices
elles y ont, laissées; car aux beaux
jours du moyen-âge, quand guerres et
famines se succédaient sans interruption, la peste avait élu domicile dans
nos climats, et depuis 1349 jusqu'à

(1) Le *Temps* du 27 fevrier 1879.

1636, on peut dire que jamais elle n'en a complètement disparu.

Les notes que je donne ici n'ont rien de scientifique. Il y a fagots et fagots, dit-on, et je n'entreprends pas de distinguer si toutes les épidémies qualifiées pestes par les annalistes, étaient ou non de bonne essence pestilentielle. Cela n'est pas mon affaire. Je me contente de grouper ce qu'en ont dit nos historiens, ce qu'en racontent nos archives ; d'indiquer les préservatifs employés, de mettre en lumière des traits de mœurs curieux, des usages singuliers, de signaler quelques dévouements...

Certes, le sujet n'a rien qui prête à la gaîté. Que les lecteurs nerveux, impressionnables, craignant les mauvais

rêves, fuient donc comme la peste ces
pages tristement réalistes; ils y gagne·
ront le repos, — et l'auteur y gagnera
certainement de n'être pas maudit par
eux.

LES

PESTES EN BOURGOGNE

DE 1349 à 1636

———————ᨆᨆ~——————

1349

Partant du nord de la Chine en 1346, la
peste noire pénétra dans l'Inde et parcourut
l'année suivante la Turquie d'Asie, la Turquie
d'Europe, l'Egypte, une partie de l'Afrique.
Des vaisseaux levantins l'importèrent en Sicile.
De là elle passa à Pise, à Gênes...

« L'an 1348, dit Boccace, la peste se répandit dans Florence, la plus belle de toutes
les villes d'Italie. Quelques années auparavant,
ce fléau s'était fait ressentir dans diverses
contrées d'Orient où il enleva une quantité

prodigieuse de monde. Ses ravages s'étendirent jusque dans une partie de l'Occident, d'où nos iniquités, sans doute, l'attirèrent dans notre ville. Il y fit, en très peu de jours, des progrès rapides, malgré la vigilance des magistrats, qui n'oublièrent rien pour mettre les habitants à l'abri de la contagion. Mais ni le soin qu'on eut de nettoyer la ville de plusieurs immondices, ni la précaution de n'y laisser entrer aucun malade, ni les prières et les processions publiques, ni d'autres règlements très sages ne purent les en garantir » (1).

Si j'ai cité ce passage du charmant conteur italien, c'est qu'il résume en quelques mots tout ce que nos pères avaient trouvé à opposer à la peste. On verra que les préservatifs en usage à Florence en 1348, sont encore employés avec le même *insuccès* en Bourgogne trois siècles plus tard.

La peste franchit les Alpes, et en 1348 et 1349, elle désola la Savoie, la Bourgogne, le

(1) Boccace — *Le Décaméron.*

Dauphiné, la Provence, le Languedoc, la Catalogne, toute l'Espagne, l'Angleterre, l'Ecosse et l'Irlande.

Ses ravages furent épouvantables en Bourgogne.

« Le terrible fléau, — dit le *Continuateur de Nangis*, — s'avançait de ville en ville, de village en village, de maison en maison, d'homme en homme. La mortalité fut telle parmi les hommes et les femmes, parmi les jeunes gens plutôt que parmi les vieillards, qu'on pouvait à peine ensevelir les morts. La maladie durait rarement plus de deux ou trois jours : la plupart expiraient subitement et, pour ainsi dire, sans avoir été malades. Celui qui était sain hier, aujourd'hui on le portait à la fosse ; sitôt qu'une tumeur s'élevait à l'aine ou aux aisselles, on était perdu. On n'avait jamais entendu, jamais vu, jamais lu que, dans les temps passés, une telle multitude de gens eussent péri : le mal, que les médecins nommaient *épidémie*, semblait se propager à la fois par la contagion réelle et par l'imagination. L'homme sain qui visitait un malade échappait rarement à la mort. »

Guillaume Paradin, dans ses *Annales de Bourgongne*, enchérit encore sur le *Continuateur de Nangis* :

« Ceste année fut mémorable à cause d'une pestilence, venant de Levant, jusques en Ponant, laquelle estoit si contagieuse, que nonseulement elle infectoit par communication, et conversation : mais aussi se prenoit par le seul regard des infects. Et fut ceste pestilence si générale, et pernicieuse, que de mille personnes, il n'en demouroit pas dix. »

Il y eut, en Bourgogne, des villages entièrement dépeuplés pendant l'année de la *Grand'Mort*. A Rully, il restait dix ménages, et trois seulement à Bure-les-Templiers ; sur cent personnes, à Paray-le-Monial, à peine douze étaient-elles épargnées. Une partie de la population et tous les prêtres de Beaune périrent.

> En mil trois cent quarante-neuf,
> De cent ne demeuraient que neuf,

s'écrie un poète contemporain (1), et ce poète disait vrai. Voici encore un autre dicton populaire en Bourgogne sur cette époque terrible :

> En mil trois cent quarante et huit,
> A Nuits, de cent resterent huit (2).

Un voile de douleur semblait couvrir le monde. Les populations, exaspérées par leurs souffrances, s'en prirent aux juifs, qu'on accusait d'avoir empoisonné les fontaines, « machination diabolique à laquelle on attribuait la pestilence. » Plus de cinquante mille de ces malheureux furent torturés ou massacrés, victimes les uns de la fureur populaire, les autres de sentences prononcées par les tribunaux. Ceux de Gray, de Vesoul, de Salins, de Montbéliard moururent du dernier supplice ; les juifs du duché de Bourgogne, ceux de Beaune, en particulier, eurent à subir toutes sortes de persécutions (3).

(1) Courtépee. — *Description du duché de Bourgogne.*
(2) Bonnemère. — *Histoire des paysans.*
(3) Rougebief. — *Histoire de la Franche-Comté.* Courtepee. — Simonnet — *Juifs et Lombards en Bourgogne.*

1358-1362

Après la *Grand'Mort* de 1349, des cas isolés signalèrent, de temps à autre, la présence de la peste en Bourgogne.

Elle éclata soudain dans l'Avallonnais en 1358 (1), et à Beaune en 1361 (2).

« Jean Germain, évêque d'Auxerre, s'était retiré dans le château de Villechaul vers la fin de l'été, pour éviter la peste qui régnoit du côté d'Auxerre. Ses précautions furent inutiles ; bientôt une tumeur sous les aisselles le mit en grand danger ; ayant reçu les derniers sacrements, il y mourut le 7 septembre 1362 » (3).

1365-1366

La peste sévit dans l'Avallonnais ; les villages de Sauvigny, Guillon, Vieux-Château, Montbertaud surtout, sont ravagés par le

(1) Ernest Petit. — *Avallon et l'Avallonnais.*
(2) Gandelot. — *Histoire de Beaune.*
(3) Lebeuf. — *Mémoires pour servir à l'histoire civile et ecclésiastique d'Auxerre.*

fléau et à peu près abandonnés par les habitants (1).

Mâcon est aussi décimé en 1370.

1380-1382

Pendant ces deux années, la peste règne sans interruption dans l'Avallonnais.

La population d'Autun est réduite à 164 feux (2).

1392-1400

En 1392, une peste horrible ravagea l'Auxerrois, l'Avallonnais, l'Autunois et le Beaunois, déjà devastés par les guerres. Depuis la *Grand'Mort* de 1349, on n'avait pas vu semblable moisson d'hommes.

Avallon fut réduit à 94 feux (3) ; Beaune à 165 ; Autun à 121 ; Volnay à 63.

De 1392 à 1400, le fléau continua ses ravages. Le duc de Bourgogne ordonna, en 1399, un dénombrement général, car « la plus grant

(1) Ernest Petit. — *Avallon et l'Avallonnais.*
(2) Ernest Petit.
(3) Ernest Petit. — *Avallon et l'Avallonnais.*

partie des personnes tenant feu en icelle du-
chié estoient mors et leur feu du tout es-
toings » (1).

A cette époque, Beaune ne comptait plus
que 662 imposables (133 feux), parmi lesquels
81 solvables. Les 581 qui restaient, on les
enregistra sous le titre d'*insolvables, misérables ou pain-quérant* (2).

« Volnay fut horriblement décimé, — dit
son historien ; — la mort visita toutes les fa-
milles ; douze maisons virent disparaître leurs
habitants » (3).

Il restait 8 feux à Saint-Romain, 2 à l'E-
tang-Vergy ; dès l'année 1397, Autun n'en
avait plus que 69 (345 habitants).

1412-1414

Les chaleurs excessives de l'été de 1412
avaient causé en Bourgogne, à Mâcon surtout,
beaucoup de ces dyssenteries que Monstrelet

(1) *Lettre de commission des enquêteurs pour la
cerche des feux.*
(2) Rossignol. — *Histoire de Beaune*
( ) Bavard. — *Histoire de Volnay.*

appelle *épidémies*. Au commencement d'août,
Charles VI vint à Auxerre avec une suite immense, et y amena la peste. Elle y fit d'ef-
frayants ravages. Le roi lui-même, dans un
état de santé déplorable, ne put quitter la
ville qu'en bateau, pour se rendre à Me-
lun.

L'automne de 1413 fut signalé par un autre
genre d'épidémie. Elle régna si violemment
au mois de mars que presque tous les chanoines d'Auxerre en furent atteints. On l'ap-
pelait le *tac* (1).

Le *Journal de Paris sous les règnes de
Charles VI et Charles VII* donne une cu-
rieuse description du *tac*. Je conserve le
style du narrateur bien que, parfois, il soit un
peu grossier ; mais il est si naïf, il peint si
bien son époque, que ce serait grand dom-
mage de le moderniser :

« *Item*, en icelluy temps (février 1412),
chantoient les petits enffens au soir en allant
au vin, ou à la moustarde, tous communé-

(1) Lebeuf.

ment : *Vostre cul a la toux, commère, vostre cul a la toux, la toux.* Si advint, par le plaisir de Dieu, qu'ung maulvais air corrompu chut sur le monde, qui plus de cent mille personnes à Paris mis en tel (état), qu'ils perdirent le boire et le manger, le repouser, et avoient tres forte fiebvre deux ou trois fois le jour, et espéciallement touttefois qu'ils mengeoient ; et leur sembloient touttes choses quelxconques ameres et tres maulvaises et puantes. Et toujours trembloient où qu'ils fussent, et avecques ce qui pis estoit, on perdoit tout le povair de son corps, que on n'osoit toucher à soy de nulle part que ce fust, tant estoient grevez ceulx qui de ce mal estoient atteints, et duroit bien sans cesser trois sepmaines, ou plus. Et commença à bon escient à l'entrée du moys de mars ou dit an, et le nommoit-on le *Tac* ou le *Horion*, et ceux qui point n'en avoient, ou qui en estoient guéris, disoient par esbattemens : En as-tu ? Par ma foy tu as chanté : *Vostre cul a la toux, commère.* Car avec tout le mal devant dit, on avoit la toux très fort et

la rume et l'enroueüre : on ne chantoit qui
rien fust de haultes messes à Paris.

« Mais sur tous les maulx, la toux estoit la
plus cruelle à tous ; jour et nuyt, aucuns
hommes, par force de toussir, estoient rompus par les genitoires toute leur vie, et au-
cunes femmes qui estoient grosses, qui n'estoient pas à terme, orent leurs enfants sans
compaignie de personne par force de tousser,
qu'il convenoit mourir à grand martyre et
mère et enfant. Et quant ce venoit sur la ga-
rison, ils jettoient grant foison de sanc *bete*
par la bouche et par le nez et pardessous, qui
moult les ebayssoit, et néanmoins personne
ne mouroit ; mais à peine en povait personne
estre guary : car depuis que l'appetiz de
manger fust aux personnes revenu, si fust-il
plus de six sepmaines, avant qu'on fust nettement guary. Ne Fisicien, nul ne sçavoit dire
quel mal c'estoit. »

Pour se guérir du *tac*, les Auxerrois firent,
le 14 octobre 1413, une procession générale
des plus longues, « puisqu'on sortit par la

porte de Saint-Siméon, on passa la rivière
pour aller à Saint-Marien, et on la repassa ensuite au-dessus du pont, pour rentrer par la
même porte de Saint-Siméon, après avoir
passé sur les bords du faubourg de Saint-Ju-
lien, Saint-Amatre et de la porte d'Aigléni.
« Quoique les prières fussent ferventes, Dieu ne
les exauça pas aussitôt, — dit naivement
l'abbé Lebeuf, — la maladie continua tout
l'hiver. »

La peste sévissant à Dijon, la duchesse
Marguerite de Bavière avait fui à Auxonne.
Mais cela ne suffisait pas encore à sa tran-
quillité. Elle écrivit le 28 août 1414 aux maire
et échevins dijonnais :

« Chiers et bien amés,

« Pour ce qu'il y a maintenant à Dijon pestilence et mortalité de bosse (1), qui est chose
contagieuse, comme vous savez, nous voulons
et vous mandons que vous faictes savoir et
notiffier par bonne et gracieuse manière audit
lieu de Dijon, que les habitants d'illecques se

(1) Allusion aux bubons de peste.

déportent de venir ni fréquenter en la ville
d'Auxonne où nous et nos enfans nous
sommes retraix pour eschiver ladite pestilence... » (1).

Cette lettre offre un bel exemple de l'amour
des princes pour leurs peuples.

1430

« La peste régna bientôt à Avallon et s'é-
tendit peu après dans les pays voisins avec
une horrible violence. Pour conjurer le fléau,
on faisait des processions autour de la ville,
on brûlait des cierges dans l'église de Saint-
Ladre ; la mortalité dura pendant une partie
de l'eté » (2).

1437-1438

« La famine, dont les rigueurs s'étoient fait
sentir dès l'année précédente, devint extrême
dans le cours des années 1437 et 1438. On
voyoit dans les villes les pauvres se rassem-
bler sur les fumiers, et y périr de faim. Quel-

(1) J. Garnier. — *Correspondance de la mairie de
Dijon.*
(2) Ernest Petit.

ques-uns, pour s'ôter ce spectacle, chassèrent ces misérables ; d'autres prirent toutes les mesures possibles pour les nourrir. On défendit d'enlever les grains, de nourrir des chiens, d'employer le bled à la fabrication de la bierre ou d'autres liqueurs ; mais ces précautions n'etoient pas capables de rétablir l'abondance. La disette venoit de ce que les laboureurs, forcés de se tenir dans les villes et les châteaux, avoient negligé la culture des terres... Cette famine fut suivie de la peste qui désola longtemps la province de Bourgogne » (1).

Les annales des Carmes disent que Semur ne fut épargné ni par la famine, ni par la peste, et qu'il y mourut beaucoup de monde. Les loups, accoutumés à se nourrir de cadavres humains, entraient jusque dans la ville où ils devoraient même les vivants (2).

1457

Auxonne était une ville privilégiée, au

(1) Dom Plancher. — *Histoire de Bourgogne.*
(2) Bocquin — *Esquisse pittoresque, morale et historique de la ville de Semur*

XVe siècle. On a vu que la duchesse de Bourgogne s'y était retirée en 1414, pour éviter la peste, le bailli de Dijon suivit cet exemple en 1457 et de là il écrivit, le 18 août, aux maire et échevins :

« Très chiers et especiaulx amis,

« Nous avons veu ce que rescript nous avés, touchant les crymineux qui, darrièrement, ont été mis à exécution en la justice de Dijon, que dites être expédient par l'advis des médecins de les despendre et enterrer pour l'infection qu'il part d'eulx...»

En écrivant aux *maire et échevins*, le bailli Philippe de Courcelles commettait sciemment une inexactitude. Il savait bien que le maire Henri d'Eschenon l'avait accompagné dans sa fuite, ainsi que les gens des Comptes. Cinq échevins seulement étaient restés courageusement à leur poste et s'occupaient, ainsi qu'on l'a vu, de prendre des mesures d'hygiène et de salubrité, seul moyen connu, avec les prières publiques, pour combattre la contagion.

1467-1469

Une assemblée des magistrats et du clergé de Dijon décide, en 1467, que, vu la pestilence, les pauvres valides seront expulsés de la ville. Il est décidé en outre que M. Odinet Godran sera prié de faire hors la ville la *donne* qui avait lieu au couvent des Jacobins.

Les officiers de la Chambre des Comptes se retirent à Talant (1).

L'Auxerrois avait été fort éprouvé pendant la peste des années 1467, 1468 et 1469 ; Auxerre seulement comptait plus de trois mille victimes. Son repeuplement fut donc le principal motif qui poussa Charles le Téméraire à renouveler la grâce accordée autrefois par son père aux habitants de cette ville, de ne plus payer que la moitié des anciennes impositions.

« La peste dont il est parlé dans les lettres patentes de ce duc, données à Hesdin le ving-

(1) Compte de Philibert Raviet, aux archives de Bourgogne.

tième août 1470, — dit l'abbé Lebeuf, — est marquée dans les registres du chapitre d'Auxerre des trois années précédentes. On y voit que dès le mois d'août 1467 il étoit permis aux chanoines de s'absenter du pays, pourvu que chaque particulier mit ordre aux charges de son bénéfice... Pour ce qui est du mal contagieux qui désola le pays, il y a sujet de croire qu'il avoit eu cours dès l'an 1466, puisque quelques jours après Pâques un habile médecin de Troyes, nommé Jean Boulot, se trouvant à Auxerre, fut prié par les officiers du bailliage de faire l'ouverture du corps d'une personne morte d'un mal de côté qu'on croyoit être une maladie contagieuse. »

Le fléau sévit à Mâcon en 1471.

1479

La peste s'étant déclarée à Auxerre aux premiers jours du printemps de 1479, on crut devoir en informer Louis XI. « Ce prince ordonna aux officiers d'engager par leurs sollicitations le chapitre de la cathédrale d'aller

en procession à l'abbaye de Pontigni au tombeau de saint Edme, afin d'y offrir, conjointement avec les jures et bourgeois, deux cierges chacun du poids de trente livres ; et lui même, par ses lettres datées de Château-Landon, au mois de mai, fit un don de douze livres au même saint Edme. La célèbre procession de quatre lieues fut faite sur la fin du mois de mai ; et outre les deux cierges présentes à la châsse de saint Edme, il y en eut un de vingt livres offert à Notre-Dame-des-Vertus à Auxerre, et un autre du même poids à l'église de Saint-Germain » (1).

« Cependant, les chanoines de la cathédrale, se prêtant aux instances de la ville, portèrent solennellement en procession le corps de N. S. le dixième jour d'août. Le 11 et le 12 du même mois, les religieux de l'abbaye de Saint-Germain portèrent aussi processionnellement les châsses de leur saint patron, de saint Thibaud, saint Sébastien, saint Urbain, saint Tiburce, etc. Les magistrats, de leur côté,

(1) Lebeuf.

firent venir encore d'autres religieuses du couvent d'Abbeville (des béguines) pour secourir les pestiférés ; mais toutes ces précautions et ces secours ne purent mettre fin à la maladie assez tôt pour satisfaire les désirs du roi... »

/ Car Louis XI avait une grande dévotion pour saint Edme de Pontigni. N'ayant pu s'y rendre à son ordinaire, à cause de la peste, il donna à cette abbaye des vignes sises à Talant, près Dijon, afin que les religieux priassent Dieu, Notre Dame et saint Edme pour lui ; pour le dauphin, son fils ; pour la reine, et « mesme pour la bonne disposition de nostre estomac ; que vin ne viande ne nous y puissent nuyre, et que l'ayons tousjours bien disposé. »

Ce bon Louis XI avait une dévotion à lui.

Il est vrai que dans ces temps de désolation, tout était bizarre.

« A Auxerre, le substitut du procureur avait enjoint aux curés d'interdire à leurs paroissiens la danse le jour de la tête, à cause de la peste. Le vicaire de l'église de Saint-Regnobert accueillit cette injonction par des injures et fut condamné à cent sous d'amende. — Les tambourins furent saisis pour avoir joué et fait danser. — Jean Regnaudin, un des notables de la ville, paie aussi une amende pour avoir joué aux dés et dit : « que c'étoit grant dommaige que d'empescher de jouer ; qu'il fallait bien passer le temps à jouer, puisqu'on ne savoit que faire » (1).

On s'habituait, on le voit, à vivre avec la peste.>

Avallon, Semur, Mont-Réal, tout l'Auxois, étaient ravagés par le fléau.

1494

Autun et ses environs sont en proie à la contagion en 1494 et les années suivantes (2).

D'après le compte de Riboteau, la Chambre des Comptes de Dijon aurait été transférée à

(1) Ernest Petit.
(2) Ragut. — *Statistique de Saône-et-Loire.*

Talant, au mois de juillet 1494, à cause de la peste (1).

1499-1501

Au printemps de 1499, le fléau se déclare à Dijon. Le duc de Nevers, nommé gouverneur de la province, y arrive le 16 mai, et on meuble pour lui le château, où il prend son logis, « à cause de la peste. »

Les officiers du parlement s'étaient sauvés à Beaune.

Dès le 14 avril, la Chambre de Ville avait fait un règlement que le roi confirma par lettres spéciales. Il y est dit en substance :

Que des loges seront établies au dehors de la ville, — les maisons pestiférées évacuées, — les malades soignés par des chirurgiens et barbiers commis par la ville.

Injonction aux domestiques atteints de la peste, de se retirer en l'hôpital du Saint-Esprit.

(1) Archives départementales.

Toute communication avec les malades est interdite sous peine de bannissement ; les sonneries sont defendues , le lessivage des linges et vêtements des malades, prohibé.

On établit une tuerie, et défense expresse est faite aux habitants d'abattre des animaux dans la ville ; les latrines et conduits dans les rues sont supprimés ; les pauvres sont emmenés dans les hôpitaux, et enfin tous rapports avec les habitants des lieux pestiférés, sévèrement interdits.

Un peu plus tard, on institue des sergents de la mairie pour la police spéciale des pestiférés ; des *héridesses* (femmes soignant les malades et faisant les lessives), et des *maugoguets* (hommes chargés du soin des malades et de l'inhumation des morts).

La peste s'étant déclarée au couvent des Cordeliers, la mairie en fit fermer les portes et l'on donna aux religieux des vivres par les fenêtres.

A Auxerre, la peste était si violente pendant l'été de 1500 que les officiers du roi et les notables de la ville « furent obligés de se retirer à Saint Bris... On descendit encore à cette occasion la châsse de saint Germain avec les autres dès le mois de juin. Ce malheur n'encouragea pas peu les habitants à contribuer à la décoration des temples... » (1).

La guerre n'était pas la seule calamité que la France éprouvât au commencement du XVIe siècle, dit Gandelot ; « il régna en plusieurs provinces une maladie épidémique qui enleva un grand nombre de personnes de différents âges. Beaune l'éprouva autant qu'aucune autre ville de la Bourgogne ; cette maladie commençoit par une violente douleur de tête, d'où elle passoit aux reins, ensuite à l'estomac et aux jambes, avec une fièvre suivie de délire. On connut un peu tard la nature de cette maladie, et les remèdes qui y étoient propres » (2).

En 1501, la Chambre de Ville de Dijon renouvela ses ordonnances :

(1) Lebeuf.
(2) Gandelot. — *Histoire de la ville de Beaune.*

Ceux qui visiteront les malades seront expulsés pour un an ;

On purifiera les maisons infectées en y brûlant de la *genne*, de l'encens, et en y répandant du vinaigre ;

Des prières publiques seront faites pour la cessation du fléau ;

Un médecin lombard, qui s'était offert pour soigner les pestiférés, sera gagé par la mairie, à raison de cent sous par mois.

1509

La Chambre de Ville de Dijon remet en vigueur les ordonnances sur la peste, « à cause de la contagion. »

1514

« En 1514, la peste commença à jeter la désolation dans Auxerre. Cette maladie fut si violente que les principaux magistrats ne se crurent point en sûreté dans la ville. Le bailli et le prévôt la quittèrent avec leurs lieutenants et ils laissèrent administrer la justice et les autres affaires par un seul assesseur. On voit

par les comptes combien les chirurgiens eurent d'exercice depuis le mois d'avril jusqu'au
mois de janvier suivant, et que la communauté se chargea de payer leurs vacations
aussi bien que les peines de ceux qui donnè-
rent la sépulture aux morts durant l'espace de
neuf mois » (1).

1517-1519

La peste envahit l'Auxois et l'Avallonnais
en 1517, et y sévit une partie de l'année suivante. Le bailli ne put tenir ses assises, et fut
forcé de déserter. Montbard, Saulieu, Flavigny,
Rouvray, Epoisses, Mont Réal, Torcy, Cor-
celles, Bierre, Vic-de-Chassenay, furent les
pays les plus maltraités (2).

Les Dijonnais, menacés, prennent des mesures préventives.

On nomme deux *femmes de bien*, pour visiter les femmes malades.

Les « *chirurgiens de peste* » ne doivent ni

(1) Lebeuf.
(2) Ernest Petit.

converser avec les sains, ni se trouver aux assemblées, en temps de contagion. Il leur est enjoint de n'aller qu'aux premières messes, et de se rendre partout où il leur sera ordonne. Enfin, comme par derision, on les loge dans la tour aux Anes.

Interdiction de la procession *des Suisses*, et défense de sonner les cloches depuis le matin jusqu'à l'heure des vêpres.

Au mois de juillet 1518, la peste éclate dans le quartier de la porte au Fermerot, d'une façon assez bénigne. Le Parlement, qui avait déjà préparé son départ pour Beaune, reprend courage. Mais peu après, la peur le saisit à la gorge, et tous ces magistrats sans vergogne s'enfuient à Arnay-le-Duc, d'où ils écrivent, le 7 décembre 1519, aux maire et échevins dijonnais :

« Messieurs,

« Nous nous recommandons à vous de bon cueur.

« Nous avons receu voz lectres et summes très joyeulx de ce que l'on se pourte bien à

Dijon, selon que nous avez mandé, et aussi les dilligences et peines que vous prenez à faire nectoyer les maisons où il y a heu danger et infection de peste et semblablement les rues, que fera ung gros bien pour la ville et pour ceulx qui viendront en icelle.

« Nous vous prions y vouloir persévérer et mectre si bon ordre et diligence que le tout soit nect et à seheurté, et tellement que aucun inconvénient nous advienne et nous advertir à la vérité dans les arrêtz de la feste Saint-Thomas prochain venant comme l'on se portera audit Dijon, afin que en brief nous y puissions retourner, et nous ferez plaisir » (1).

Cette lettre de trembleurs fait mal à lire.

Aussitôt que le fleau décrût, on autorisa les pestiférés à rentrer dans leurs maisons, en prenant la précaution de les purifier par des fumigations de genièvre et des aspersions de chaux vive.

(1) Joseph Garnier.— *Correspondance de la mairie de Dijon.*

« L'année 1519, il régna à Autun une
peste qui fit de grands ravages. On prit de
nombreuses précautions pour se soustraire à
l'invasion du fléau. Les sergents de la vierie
furent chargés d'expulser toutes les personnes attaquées, et la justice de l'église porta
des peines sévères contre ceux qui désobéirent
à ses ordres. Ce fléau dura trois ans, suivant
Courtépée. »

« Jean Patru, serrurier, résidant près la
porte Matheron, s'étant absenté malgré la défense qui lui avoit été faite à raison du dan-
gier de peste régnant notoirement à ladite
porte Matheron, fut condamné à payer 65 sols
d'amende » (1).

1523-1524

La peste apparut de nouveau à Avallon en
1523, et Regnault Guybert fut chargé de soigner et visiter les pestiférés. Le fléau devint
si intense que l'on paya les malades pour les
faire sortir de la ville ; la peste y sévissant

(1) Guyton. — *Notice sur les maladies épidémi-
ques, contagieuses et pestilentielles a Autun.*

encore l'année suivante, la plupart des habitants avaient émigré et s'étaient retirés dans les pays voisins : le capitaine Georges de la Trémouille logeait au Vaux (1).

1525-1526

A Dijon, remise en vigueur des ordonnances sur la peste. On bâtit à la Maladière, au faubourg Saint-Nicolas, des maisonnettes pour les pestiférés.

En 1526, les habitants de Vézelay viennent processionnellement à Avallon, pour demander à Dieu la cessation du fléau.

1529-1531

En 1529 et 1530, Autun est dévasté par une épidémie meurtrière de *choléra*, autrement dit, *trousse-galant*. Voici un extrait du mandement de Jacques Hurault, évêque d'Autun, relatif à l'hôpital du Saint-Esprit de cette ville :

« Ledict hospital est fort ruyné et en gran-

(1) Ernest Petit.

de décadence par les pestes, famines, maladies dictes *trousse-galant* et aultres ayans cy-devant resgné audict Ostun et lieux circonvoisins et auxquels sont mors et enterrés au cemetyère de l'église parochiale de Sainct-Branchés dudict Ostun, puis quatre ans, en çà de *troys à quatre mille paoures.* »

La peste éclate aussi à Auxerre au mois de septembre 1530.

« Les ravages qu'elle avoit faits en 1514, n'étoient point effacés de la mémoire. On se souvenoit encore mieux des causes qui l'avoient fait appréhender en 1523. La crainte où l'on étoit de voir revenir une maladie si fatale fit prendre des précautions assez extraordinaires. Comme la science de la médecine n'étoit pas alors au point où elle est parvenue, dès qu'on voyoit un homme mourir subitement, on s'imaginoit que c'étoit l'effet d'une attaque de peste. Les plus habiles hésitoient ou ne savoient qu'en penser, de sorte qu'il falloit que la communanté prît le parti de faire ouvrir à ses dépens les corps de plusieurs qui étoient morts de cette manière ; et dans l'appréhension où l'on étoit d'une maladie contagieuse, on engageoit, même à prix d'argent, ceux qui en étoient soupçonnés, à quitter la ville. Si la peste ne se fit pas sentir alors, elle fut bien violente en 1531. Dès le 20 juin, chacun commença à fuir.

« Je ne sais si ce seroit une suite de celle que quelques-unes de nos histoires de France (1) marquent avoir régné en 1529, et qui fut générale dans le royaume. Les officiers du bailliage d'Auxerre avoient transporté en celle de 1531 leur siége à Saint-Bris, et s'y tinrent durant tout l'été » (2).

La maison où ils siégèrent existe encore ; elle est située en face de la mairie et fait angle sur une ruelle. M. Quentin en a donné la description dans l'*Annuaire du département de l'Yonne*.

A Dijon, le *trousse-galant* sévissait avec non moins de rigueur qu'à Autun et à Auxerre.

(1) Mézeray.
(2) Lebeuf.

« Le 21 juillet 1531, — lit-on dans un manuscrit de M. Boudot, ancien archiviste, — le sieur Noel, vicomte-mayeur, se retira à Saint-Apollinaire, à cause de la peste. Il remit les clefs à l'un des plus anciens échevins, commit un lieutenant général pour la justice, et il fut résolu que tous les lundis l'assemblée de la chambre se ferait à Montmusard. On ordonna en conséquence au receveur d'y faire provision de foin et d'avoine. »

Des mesures de salubrité et de police avaient d'ailleurs été prises par la mairie dès l'apparition du fléau. En voici le résumé :

Injonction aux chirurgiens de peste de porter le bonnet jaune comme les maugoguets, et de fuir la compagnie des sains. Il leur est interdit, ainsi qu'aux barbiers, de debattre leurs salaires avec les malades.

Les « coquins valides » qui se sont réfugiés à l'hôpital, au préjudice des habitants « pestiféreux, » en sont chassés.

On ferme deux des portes de la ville. Deux sergents et quatre bourgeois veillent aux au-

tres, avec défense de laisser entrer les vaga-
bonds, et ordre de mener les étrangers devant
le maire.

Malgré l'absence de la plupart des gens riches, les quêtes pour les malheureux sont con-
tinuées.

Le marché au blé qui se tenait rue Saint-
Nicolas est transféré sur la place Saint-Mi-
chel.

Ordre est donné aux malades de porter une
bande jaune sur leurs habits et d'éviter tout
rapport avec les sains, sous peine d'être pendus et étranglés.

Défense aux maîtres des étuves d'y recevoir
personne.

Enfin on songe à installer les pestiférés dans
la maison de la fonderie des suifs, et une
commission est nommée à l'effet d'étudier ce
projet.

Cela fait, les magistrats demandent au
clergé des prières et des processions publiques, et font à grande dévotion à « Madame
Sainte-Anne » un vœu solennel que leurs des-

cendants renouvelèrent, juste un siècle plus
tard, dans des circonstances absolument sem-
blables.

« Ce vœu qui consistait à solenniser le jour
de fête de sainte Anne aussi saintement que le
jour de Pâques, et à faire, le dimanche d'après,
une procession générale, suivie d'un sermon,
fut offert le 7 septembre, par toute la commune assemblée à l'hôtel de ville. Incontinent, dit l'acte authentique placé sous nos
yeux, « par le mérite et intercession de madame sainte Anne, cessa la maladie et le danger de la peste » (1).

Les magistrats dijonnais avaient sagement
agi : des mesures préventives d'abord, des
prières ensuite. C'était la mise en pratique
du fameux adage : *Aide-toi, le ciel t'ai-
dera.*

1532-1535

Malgré la puissante intercession de sainte
Anne, la peste se déclare encore à Dijon en 1533.

(1) J Garnier — *Correspondance de la mairie de
Dijon.*

Aux premiers indices du fléau, les barbiers dijonnais désignent deux d'entre eux pour soigner les pestiférés ; et comme ils s'y refusaient, ils sont contraints par la mairie de remplir leur mission.

Défense est faite aux sergents, de vendre, en temps de contagion, lits, linges, habillements, « et autres choses spongieuses. »

Autun avait été ravagé par le fléau en 1532.

Beaune fut particulièrement maltraité. A la première annonce de la maladie, le recteur des écoles prit la fuite avec ses élèves et une foule d'habitants.

On défendait d'enterrer les morts pendant le jour, pour ne pas épouvanter les vivants. Le 15 mai 1533, le Chapitre de Beaune ordonna qu'à l'avenir tous les jours, à midi, dans toutes les églises, on frapperait neuf coups sur la grosse cloche, et qu'à cette heure tous les fidèles se mettraient à genoux et réciteraient trois *Pater* et trois *Ave*, pour demander à Dieu la cessation de la peste. De son côté,

le maire fit publier par la ville qu'au son de
la cloche tout le monde devait se prosterner
« à genoulx affin de prier Dieu le créateur
qu'il lui plaise repaiser son ire » (1).

Tout danger n'avait pas cessé dans le Dijonnais en 1534, puisqu'on lit à cette date
dans le registre des délibérations de la Chambre de ville de Dijon :

« Défense aux maîtresses de l'hôpital du
Saint-Esprit de recevoir des étrangers malades
de peste. »

En 1535, les chanoines d'Avallon songèrent
à réparer les brèches faites à leurs finances
par les impôts et par la rançon de François Ier.
Ils annoncèrent donc une translation des reliques de saint Lazare, qui devait se célébrer
avec une solennité inusitée, et attirer une
foule considérable de pèlerins. La fête eut en
effet un immense retentissement et dura dix
jours : plus de cent mille personnes s'y rendirent ; on y vint de Normandie, de Bretagne, de

(1) Rossignol. — *Histoire de Beaune.*

Picardie, de Touraine, d'Allemagne. Toutefois cette réunion de peuple, d'origines et de conditions si diverses, laissa le germe d'une maladie contagieuse, qui se déclara la même année et fit d'affreux ravages (1).

1543-1544

« En 1543, les habitants de Dijon sont fugitifs et épars çà et là, par le danger de la peste qui continue de mal en pis, et l'on vit en grande crainte de danger, car le mal commence à s'épancher par le plat pays » (2).

Ces craintes étaient malheureusement fondées. La Chambre de ville de Dijon dut recourir aux grands moyens, et voici les dispositions qu'elle prit :

Perruchot, apothicaire, est nommé pour fournir les « drogues, médicaments et oignements » nécessaires aux pestiférés ; on établit des maisonnettes de bois sur les bords de

(1) Ernest Petit
(2) Mss Boudot

l'Ouche pour y retirer les « inconvénientés » non malades de peste ; on achète une maison, rue de Cherlieu (1), pour y loger les « maugoguets et les barbiers de pestes ; » une sage-femme jurée est chargée de délivrer les femmes enceintes atteintes par le fléau ; des prières publiques sont ordonnées, d'accord avec le clergé.

Cependant les malades abondent. On en met à la Maladière, on en met à l'hôpital neuf...

Les maugoguets ont ordre d'enterrer les pestiférés aussitôt après leur décès, et des mesures sont prises pour le nettoyage et la purification de toutes les maisons où la peste a éclaté.

Comme on l'a vu, beaucoup d'habitants avaient quitté Dijon ; la garde des portes se trouvant « défournie, » la Chambre de ville ordonna que deux portes seraient fermées.

Le 21 juillet 1544, la Chambre de ville ne peut délibérer, presque tous les échevins s'é-

---

(1) C'est aujourd'hui la rue du Mouton, qui va de la rue Saint-Philibert au rempart

tant sauvés ; le 23 juillet, la peste éclate dans
la maison même du maire Jehan Le Marlet,
qui était resté à son poste, et il est obligé de
se retirer à la campagne, à Messigny. Le
5 août, les séances sont ajournées, puis des
mesures sévères sont encore prises contre les
malheureux pestiférés : il leur est défendu de
vaguer par la ville sous peine d'être pendus.

Les prescriptions de la Chambre de ville
sont nombreuses, pendant ces jours néfastes.
Quelques-unes semblent aujourd'hui bien pué-
riles, bien naïves ; mais elles montrent l'esprit du temps. Je continue de les énumérer :

Ordre aux maugoguets de porter des bon-
nets jaunes, et un bâton noir ; leurs femmes
doivent avoir des *gorgias* jaunes.

Il leur est interdit de circuler par la ville, et
d'enterrer les morts pendant le jour ; c'est de
nuit qu'ils doivent faire cette funèbre besogne.

Invités à désigner un d'entre eux pour di-
riger le service de la peste, les médecins dijonnais répondent que celui qui sera choisi
recevra *un écu* de gages par mois, et ne *ma-*

niera pas les malades. La Chambre de ville trouve ces pretentions excessives et déclare que les medecins deféreront à ses prescriptions sous peine d'être expulses.

Le fléau cessa ses ravages dans les premiers mois de 1545. Le parlement s'était retiré à Autun.

« Auxerre n'avait pas été épargné. La peste y ayant recommencé l'an 1544. pour la cinq ou sixième fois, — dit l'abbé Lebeuf, — on remontra à l'évêque qu'il ne convenoit plus d'indiquer de stations dans l'église cathédrale de crainte qu'elle ne fût infectée de cette maladie ; et ce fut par le même motif qu'on donna permission aux chanoines de s'absenter de la ville. En effet, cette maladie dura tout l'été de l'année 1544. Il ne paroit pas cependant, par les nécrologes, qu'elle fit de grands ravages.»

1546

La peste de 1544 avait laissé des germes à Dijon. De nouveau, le fléau y éclate pendant l'été de 1546, et aussitôt la Chambre de ville prend les mesures d'usage :

Défense de hanter les lieux pestiférés, et de converser avec leurs habitants, sous peine du fouet, et de dix ans de bannissement ; institution d'un sergent chargé de condamner les portes des pestiférés et de chasser ces derniers de la ville. S'ils sont trop malades, il doit les enfermer dans leurs maisons, brûler les lits, faire purifier les chambres. Un chariot spécial est construit pour le transport des cadavres pestiférés.

Naturellement les médecins faisaient entendre leur voix ; mais ils comptaient pour bien peu. Cependant la Chambre de ville accepte les offres d'un médecin italien qui propose de guérir les pestiférés sans les toucher, en leur distribuant seulement ses drogues.

1548

Afin d'éviter la contagion de peste, on défend aux gardes des portes de Dijon de laisser entrer les gens venant de Blaisy et de Turcey, et aux hôteliers et cabaretiers de les loger.

1551-1552

Il mourut 110 pauvres dans l'hôpital Saint-Nicolas de Marchaux, d'Autun, depuis le 29 mars 1551 jusqu'au 6 juin 1552. La mortalité atteignit les mêmes proportions dans les autres hôpitaux de la ville.

1553-1558

« Pour éviter la contagion de peste, que l'on suspecte avoir été dans la maison d'un vigneron de la rue du Champ-Damas à Dijon, « Messieurs ont délibéré que commandement luy sera fait, à peine d'estre pendu et estranglé, de non entrer en la dite ville, luy, sa femme ny ses enffens, durant le temps et terme de six sepmaines, et sera advisié de lui treuver logis aux faulbourgs, en quelque lieu remotez (écarté). »

Malgré cela, la peste se déclare au faubourg Saint-Nicolas, et la ville fait faire « six petites maisonnettes à trente pieds l'une de l'autre, près la maison des pauvres, pour y retirer les malades de peste. »

De plus, on alloue 7 sous et demi par semaine à chacune des deux femmes chargées
d'ensevelir les personnes mortes de la peste,
et il leur est enjoint de brûler les lits, les habits et le linge des décédés.

Comme complément de ces mesures, la
Chambre de ville défend « aux drillers et pour-
teurs de drilles de crier et demander drilles
parmi la ville », et aux habitants de brûler
hors de chez eux « les vieilles pailles et vuy-
danges des lits. »

Quelques jours après elle décide encore :

« Seront faictes croix blanches et noires à
huiles devant les maisons pestiférées, affin
qu'elles soient cognues, pour éviter tout dan-
gier de peste. »

Blaise Colle, menuisier, reçoit l'ordre de
confectionner une bière de bois de sapin, le
plus légère possible, pour y mettre les cadavres des pestiférés, et de la porter de nuit
près de la maison des malgoguets.

C'était une espèce de bière omnibus, ser-
vant seulement au transport des cadavres à la

fosse commune, et que l'on utilisait pendant
tout le temps de l'epidemie.

Deux malgoguets reçoivent mission de porter au cimetière et d'inhumer les corps des
personnes qui mourront de la peste ; il leur
est alloué à chacun cent sous par mois.

On demande aux curés et vicaires « de faire
processions particulières en leurs parroiches,
pour prier le Créateur de vouloir appaiser son
yre envers le peuple. »

On en avait grand besoin. Non seulement
Dijon était contaminé, mais encore Beaune,
Nuits, Gevrey, Dôle, Ruffey-les-Echirey,
Corcelles-les-Citeaux, Auxonne, Autun.

Dans le seul hôpital Saint-Nicolas de Marchaux, de cette dernière ville, il y eut 132
morts, depuis Pâques 1557 jusqu'au 3 septembre 1558 (1).

En 1555, le fléau faisait encore des victimes
à Dijon :

« La maison du meunier de Saint-Etienne

(1) A. de Charmasse. — *Notice sur les anciens hôpi-*
taux d'Autun.

est évacuée et marquée d'une croix rouge,
étant pestiférée. »

La peste sévissant dans tout le bailliage
d'Avallon, onze paroisses, celle d'Avallon en
tête, vinrent, en 1554, faire une procession
à Mont-Real et implorer la clémence du
ciel (1).

1563-1565

Barges, Chalon-sur-Saône, Auxonne, Châtillon-sur-Seine, sont décimés par la peste en 1563.

A Dijon, on demolit la maison des pestiférés
de l'île d'Ouche, pour construire à la place la
nouvelle tuerie, celle qui fut jetée à bas il y a
quelques années.

Au printemps de 1564, la peste se déclara à
Lyon, où elle fit périr 60.000 personnes. Elle
y avait été apportée par des marchands venant
du Levant. Son origine, par conséquent, n'é-
tait pas douteuse. De Lyon elle gagna Mâcon,
Tournus, Chalon, Autun, où elle apparut le
12 juillet 1565.

« Le 21 août 1565, la municipalité d'Autun

(1) Ernest Petit.

4

commit Cortelot, Ailleboust et Gautherault,
pour faire reboucher les endroits rompus des
fontaines, et, à cet effet, se transporter jusques au lieu de la première source pour savoir
si rien n'y auroit été dérompu et descouvert
pour empêcher et prévenir à la conspiration
inique de plusieurs meschans et pervers ayant
vouloir d'infecter et intoxiquer les eaux des
fontaines au grand peril de tous » (1). Au rapport de Thucydide, les mêmes menaces étaient
proférées à Athènes contre ceux qu'on accusait aussi des mêmes méfaits ; et comme le
peuple et toujours le peuple, c'est-à dire
aveugle ou insensé lorsqu'on ne prend pas la
peine de l'instruire, on aurait eu, en 1832,
à déplorer de grands crimes, si les gendarmes
n'avaient pas réussi à dissiper ou à contenir
les masses populaires qui menaçaient de mort
ceux qu'on accusait de produire le cholera par
l'empoisonnement des fontaines (2).

(1) Guyot.
(2) Ch Daremberg. — *Journal des Débats*, du
25 janvier 1866.

La peste ne cessa à Autun qu'au mois de juin 1566.

Menacés de toutes parts, les dijonnais avaient eu recours aux mesures ordinaires, pour conjurer le danger. Cependant on en inaugure une nouvelle qui a son importance :

Afin d'éviter la corruption de l'air et se prémuni·contre la peste, il est ordonné à tous les habitants « de faire leurs nécessités dans les privés de leurs maisons, et non dans les rues et places de la ville. Ceux qui n'ont point de privés sont tenus d'en faire construire, sous peine de 10 livres d'amende. »

L'usage de se plier en trois dans les rues n'était donc pas particulier aux habitants de Troyes en Champagne, et la fameuse dissertation de Grosley peut s'appliquer aussi à Dijon.

Les personnes « inconvénientées de peste, » devaient porter une bande jaune sur leurs habits ; il leur était défendu de fréquenter les marchés et les places communes.

De plus, il est ordonné que les prêtres des

pestiférés ne fréquenteront plus les églises,
« et affin que l'on se puisse donner garde
d'eulx et que l'on ne soit surprins, il leur est
enjoint, comme aux chirurgiens des diez pestiferez et aux saccards et malgoguetz, de ne
plus aller par les rues au long des maisons,
ains par le milieu des dites rues, et porteront
chacun une sonnette telle qu'elle leur sera
donnée ; et aussi les diez chirurgiens et barbiers des pestiferez en feront porter à leurs
chevaux. Et quand les saccards porteront par
la ville quelque corps mort du dit danger de
peste, ilz feront marcher ung homme devant
eulx et par le milieu de la rue, avec une clochette et une verge pour faire détourner le
peuple, et ceulx qui viendront après porteront
encore une autre clochette pendue à la bière
sur quoy ilz porteront leurs corps. »

Isabelle Rivet et son mari, Nicolas Millière,
meurent de la peste le même jour, en septembre 1564, et sont immédiatement inhu-
més (1).

(1) A. Grange. — *Mémoires de Nicolas Ravyet.*

La peste cesse aux grands froids du mois de janvier 1565; mais elle revient avec les chaleurs.

Le collège est déserté par les écoliers ; un échevin, nommé Raissey, meurt de la contagion, et il est enjoint à toutes les personnes qui sont allées à son logis de quitter la ville ou de s'enfermer chez elles, « à peine de la hart. »

A Sens, on arrêta que sur le clergé et les habitants, une contribution de cent francs par semaine serait levée pour le besoin des pestiférés ; savoir : 60 francs sur le clergé, et 40 francs sur les habitants (1).

On construisit, hors des murs, pour les malades, un hôpital composé de douze chambres, et d'une chapelle dédiée à Saint-Roch.

1568-1570

La peste est à Saint-Jean-de-Losne en 1568. Elle fait aussi son apparition à Dijon, où l'on construit de nouvelles logettes au faubourg d'Ouche, en l'Ile.

(1) Th. Tarbé. — *Recherches historiques sur la ville de Sens.*

Saulieu est atteint en 1569, Avallon en 1570.

Au mois de mai 1570, le gouverneur d'Avallon fit publier une ordonnance pour defendre *les assemblées, danses et festins ; pour faire conduire les immondices hors la ville ; nettoyer les cheminées ; chasser les chats, les chiens et les pourceaux vaquant par les rues :* il fut ordonné de plus à tous les étrangers de sortir de la ville (1).

1573

L'entrée de Dijon est interdite aux habitants de Bellefond, de Ruffey et d'Echirey, où règne la peste.

1576-1577

Auxonne, Verdun-sur-Saône, Rouvres, Fauverney, sont en proie à la contagion.

Le principal du collége de Dijon fait savoir au maire que la crainte de la peste empêche les écoliers *Martinetz* (2) de suivre les classes, et que les écoliers pensionnaires y assistent seuls.

(1) Ernest Petit.
(2) C'est-à-dire du college des Martins, rue du Vieux-Collége.

« Le 1er d'aoust, la peste a commencé au logis du Bœuf, devant Saint-Pierre ; depuis se prit au grand bourg, qui a gasté le reste de la ville » (1).

L'auberge du Bœuf, tenue par Jehan Robert, était située rue Saint-Pierre, à la place de la maison qui porte aujourd'hui le n° 45.

Une fois dans le Bourg, la peste était chez elle. Le nombre des maisons à *cadener* y devint si grand que, par arrêt du 1er septembre 1576, le Parlement fit barrer la rue pour l'isoler du reste de la ville. Durant trois mois, les habitants du quartier qui avaient fui devant le fléau ne purent rentrer chez eux ; quiconque l'eût osé risquait d'être arrêté par les *maugoguets* et arquebusé par le bourreau. Les bouchers n'eurent pas même, dans cette circonstance, la ressource de se retirer dans la maison des *Arsures* où déjà, depuis longtemps, ils fondaient leurs graisses. Les pestiférés, trop à l'étroit dans les maisonnettes

(1) J. Garnier. — *Livre de souvenance de Pépin.*

de l'Ile et à l'hôpital neuf, l'avaient en-
vahie » (1).

Le 28 mars 1577, le syndic de la ville de
Dijon déclare à la Cour « que il estoit sur-
venu en la ville danger de peste en trois
lieux » (2).

Avallon est aussi contaminé. On y fait éva-
cuer l'hôpital, et les malades sont transférés à
la Maladière, hors de la ville.

1580

Mâcon, Chalon-sur-Saône, Tournus, Pan-
ges, Baume la-Roche, sont infectés par la
peste. Elle éclate bientôt au faubourg Saint-
Nicolas, à Dijon.

L'évêque de Langres députe l'abbé de Cî-
teaux pour bénir un terrain « sis en Cherlieu, »
afin d'y enterrer les pestiférés ; mais les paroissiens de Saint-Philibert, peu satisfaits de
cette préférence pour leur quartier, s'attrou-

(¹) Joseph Garnier. — *Histoire du quartier du
Bourg.*

(2) Joseph Garnier — *Journal de Gabriel Breu-
not.*

pent et mettent opposition à la cérémonie.

Le Marlet, maire de Dijon, fait construire à ses frais une maison en l'Ile pour le logement des pestiférés ; un bourgeois, Nicolas Des Barres, y bâtit aussi une maisonnette à ses frais.

1583

Des Suisses, venant de Paris, apportent la peste au Val-de-Suzon ; plusieurs d'entre eux y meurent à l'hôpital.

La Chambre de ville fait défense aux habitants du Val-de-Suzon de venir à Dijon, sous peine d'être arquebusés aux portes. Elle prie aussi les chanoines de la Sainte-Chapelle, seigneurs de ce village, de faire promptement *cadener* les maisons où les malades ont séjourné. Il est délibéré enfin que les Suisses ne pourront entrer en ville que s'ils sont sains et valides.

Au printemps, la peste s'était aussi déclarée à Saint-Apollinaire, à Châtillon-sur-Seine, à Mâcon, à Autun, à Avallon.

« Dans cette dernière ville, on organisa
une grande procession, en tête de laquelle on
promenait la châsse contenant le chef de saint
Ladre. Treize hommes, vêtus aux frais de la
ville, d'habits et d'ornements peints, repré-
sentaient Jésus et les douze apôtres ; suivaient
trente-trois enfants portant chacun un cierge ;
une foule nombreuse accompagnait le cor-
tége. On se rendit ainsi à pied d'Avallon à
Vézelay, le 1er juin. Quinze jours après,
Avallon fut choisi pour but du pèlerinage ;
les confréries de toutes les villes, et même de
Noyers s'y rendirent » (1).

1585-1587

Aux premiers symptômes de la contagion
nouvelle, la Chambre de ville de Dijon essaya
de s'opposer au sauve-qui-peut des années
précédentes. Elle défendit donc à tous les
habitants de quitter Dijon, à moins qu'ils ne
commettent « hommes capables et suffisants, »
pour s'acquitter de leur devoir à la garde des
portes.

(5) Ernest Petit.

Elle enjoignit encore :

A tous les habitants de déclarer aux échevins de leur quartier s'ils ont des malades
chez eux, et le genre de leur maladie ; de
tenir les rues propres et de faire du feu, la
nuit, devant leurs maisons, afin de purifier l'air.

Cette purification par le feu est bien an-
cienne. « Dans les premiers siècles de l'ère
chrétienne, les habitants de Sens croyaient se
préserver de la peste en accrochant des
crampons de fer aux murailles dont leur cité
était environnée, et en y attachant des flam-
beaux allumés » (1).

On en était d'ailleurs aux mesures d'hygiène :

« La ville de Dijon demande, à ses frais,
un homme de Châtillon réputé fort expéri-
menté au nétoyement des maisons infectées ; »
mais messieurs de Châtillon répondent que cet
homme ne pourra venir, attendu que l'on a
grand besoin de lui dans plusieurs pays voisins où la peste a régné.

(1) Th. Tarbe. — *Recherches sur la ville de Sens.*

Ils auraient pu ajouter qu'elle avait fait des ravages à Châtillon même.

Quoiqu'il en soit, les Dijonnais étaient tellement abattus qu'ils en oubliaient leurs fêtes.

« Les valets de la fête Saint-Emilien, — lit-on dans le registre des délibérations de la paroisse Saint-Philibert, — n'ont rien payé pour location, parce qu'il n'y a rien eu, à cause de la contagion qui a régné à Dijon. »

Les mesures prescrites par le Parlement sont appliquées jusque dans les bourgs.

On trouve aux archives de Selongey, à la date du 21 septembre 1585, copie d'un arrêt de la Cour ordonnant « à tous contagies de la peste de souffrir et permettre que les portes et issues de leurs maisons soient fermées et cadenassées ; leur fait deffenses d'en sortir de jour, ny de nuit, à peine de confiscation *de corps et de biens* ; enjoint à tous ceux qui sont retenus tant à l'hôpital qu'au logis, de se contenir ès dits lieux, sans s'approcher des passans, ny entrer dans aucuns lieux, sous peine d'être arquebusés. »

A Is-sur-Tille, la communauté se vit obli-
gée de vendre quelques fonds pour aider à
nourrir et à soigner les pestiférés (1).

Au printemps de 1586, la peste reparut à
Dijon. Sur la demande de ses échevins, le Par-
lement autorisa la ville à loger ses malades à
Larrey.

Il est ordonné que les « sergents commis à
veiller sur les pestés et portant la hacquebux
pour les faire contenir, se tiendront es jours
de marchez es lieux et endroits par où passent
ceux qui apportent les denrées, pour empescher que lesdits pestés ne les arrestent, ains
les feront passer et entrer à la ville. »

Par arrêt, la Cour ordonne de faire enterrer aussitôt après leur décès les corps des
personnes mortes de la peste.

Un échevin est chargé de faire marquer
d'une croix toutes les maisons de la ville où
il y a des pestiférés.

On donne 6 écus aux religieux Cordeliers

(1) A. Mochot. — *Histoire d'Is-sur-Tille.*

que la peste empêche de faire leurs quêtes ordinaires à Dijon et dans les villages voisins, et dont la misère est très grande.

Une femme de Saint-Apollinaire, qui en soignait les pestiférés, étant venue à Dijon sans dire qui elle était, et sans porter baguette, un procès lui est intenté.

Auxerre était aussi éprouvé que Dijon.

« On y comptoit, en 1586, plus de 400 maisons infectees de la contagion : c'étoient des fièvres pestilentielles qui régnèrent depuis le mois de mai jusqu'au mois de septembre.

« Comme elles revinrent l'année suivante, on fit usage de la maison de santé nouvellement bâtie sur le rivage gauche de l'Yonne, qu'on appeloit alors l'hôpital Saint-Sébastien et Saint-Roch. La famine se trouva même jointe à la peste durant l'espace de quelques mois : de sorte que l'on marqua comme un fait très extraordinaire que, depuis Pâques jusqu'aux moissons, le bled valut six et sept livres le bichet » (1).

(1) Lebeuf.

« Il semblait, — continue notre historien, — que l'année 1587 dût faire ressentir tous les fléaux de la colère de Dieu : on y vit d'un côté la peste et la famine en partie, et de l'autre bien des mouvements qui conduisoient à une guerre dangereuse. »

A Avallon, en 1586, Etienne Filzjean, lieutenant du bailliage, Pierre Courtois, échevin, Jean Regnard, receveur, le sieur de Champmorot et bien d'autres notables moururent de la peste. On fit venir un médecin et un chirurgien étrangers pour soigner les malades ; on nomma des *magoguets* pour chasser de la ville les personnes atteintes de l'épidémie, mettre des cadenas à leurs maisons, ensevelir et enterrer les morts, tuer les chiens et les chats vaguant dans les rues, empêcher les rassemblements du peuple.

L'année suivante (1587), la contagion n'ayant pas cessé, on donna de l'argent à plusieurs particuliers pour aller à la campagne se *purifier et changer d'air* ; on fut obligé de faire sur les chaumes des petites cabanes pour

loger les pestiférés. Ce triste état de choses
ne cessa qu'au mois de septembre 1588 ; la
ville d'Avallon était alors en partie abandon-
née de ses habitants (1).

Auxonne, Mâcon, Louhans, Selongey, Beaune, étaient depeuplés par le fléau. Malgré la
défense à leurs habitants d'approcher des portes de Dijon, la peste se declare encore dans
cette ville en 1587. La municipalité semble
alors avoir perdu son énergie, et s'en remettre à la grâce de Dieu :

Messieurs du clergé sont priés de faire une
procession générale, « afin d'invoquer Dieu
pour avoir de la pluye et qu'il lui plaise apai-
ser son yre de la maladie contagieuse de peste
s'estant reprinse en ce lieu, et faire la grace
au Roy avoir victoire contre les ennemys qui
lui font la guerre, au soutenement de la reli-
gion catholique, apostolique et romaine. »

Bonnes âmes d'echevins ! En ces jours de
deuil, ils s'occupaient encore du Roi qui ne
songeait pourtant guère à eux.

(1) Ernest Petit.

Le comptable de l'hôpital du Saint-Esprit
d'Autun déclare avoir enterré au cimetière Saint-
Pancrace plus de trois à quatre cents pauvres,
décédés de contagion dans cet hôpital en 1586
et 1587 (1).

1594-1597

« L'on dit que l'on commençoit à se mourir
de peste aux faubourgs Saint-Nicolas et Saint-
Pierre, » écrit négligemment Gabriel Breu-
not le 6 janvier 1594 ; et, comme pour justi-
fier ce flegme, la contagion paraît avoir eu
peu d'intensité.

L'année suivante elle débuta encore d'une
manière indécise ; on pouvait s'y tromper, et
l'on s'y trompa.

« Convoqués à l'hôtel de ville de Dijon pour
donner leur avis sur une maladie que l'on
croyait contagieuse, et dont plusieurs habitants sont morts, ayant le corps couvert de petites taches noires, les médecins, chirurgiens
et apothicaires déclarèrent :

« Que cette maladie n'était point conta-

(1) Guyton.

5

gieuse, mais que pour la faire cesser il importait de nettoyer les rues et les maisons de la ville. »

Sur cette assurance trompeuse on s'endormit.

C'est peut-être alors que les médecins dijonnais rédigèrent, ou, pour être plus exact, compilèrent un *Manuel* curieux, dont il existe plusieurs copies à la bibliothèque publique de Dijon, et dont voici les principaux passages :

« Comme ainsy soit que de touttes les maladies qui assiègent le genre humain, la peste trouve le dessus, et soit la plus maligne, traîtresse, et mortelle ; il est nécessaire d'employer une soigneuse diligence, et judicieuse prévoyance, tant pour éviter les atteintes de cette furie, que pour guérir la blessure de ses coups.

« Or, pour la mieux reconnoître et combattre généreusement, et avec méthode :

« Nous disons que la peste est une maladie populaire et contagieuse, causée d'une putré-

faction de la terre, conçue dans l'air, laquelle
attaque le cœur principalement et donne la
fièvre.

« Pour à quoy remédier, il faut premièrement
prier Dieu qu'il nous départe bénignement un
air serein, et salubre, et monde ; et il faut de
notre part le rendre tel, au mieux qu'il nous
sera possible.

« C'est pourquoi il plaira au magistrat employer son autorité pour faire nettoyer et
émonder les rues, places publiques, cloaques,
tueries, et esgouts de la ville ; défendre la dé-
charge du ventre par lesdites rues ; assommer
les chiens vagabons et vivant de saletés ;
reléguer et mettre hors les bestes immondes,
comme les pourceaux, les lapins. les asnes,
même les vaches, les pigeons. canes et
oysons, et autres, de tous lesquels le fumier
est puant : même ne souffrir que le fumier
des chevaux croupisse dans la ville ; faire
emporter, et enlever de la ville toutes les vui-
danges, boues, ordures, fumiers et immondices bien loin d'icelle, si faire se peut les

enfoncer en terre, mais très particulièrement les entrailles des boucheries, et qu'elles soient transportées du côté du soleil couchant, et non vers l'orient, ni le midy, ou entre le soleil couchant et le septentrion, ou bien encore derrière quelque montagne, afin que les mauvaises vapeurs ne soient raportées à la ville.

« Faire écouler les eaux croupies et puantes; laver d'eau nette les rues, places publiques, cloaques, carnages, lieux où croupissent les fanges et immondices.

« Commander à chaque particulier de nettoyer soigneusement sa maison, notamment les pauvres, lesquels il faut soulager en leurs nécessités, ou les reléguer dehors, très particulièrement les gueux et fénéans, les haillons et guenilles desquels il faut brûler comme des réservoirs de pestes ; donner ordre que les affligés des dites maladies soient transportés à la maison de santé, ou du moins segrégés du peuple ; s'ils demeurent en leurs maisons, qu'elles soient fermées, et la conservation d'icelles défendue ; que les corps des décédés soient emportés la nuit et enterrés hors la ville ; que ce soit profondément dans la terre, et en lieu qui ne soit nuisible au peuple...

« Il conviendra pareillement d'allumer des feux publics en hiver plus, en été moins, par les rues et places, notamment aux endroits où les boues et fanges croupissent, auprès des cloaques et tueries ; dans lesquels feux on brûlera des bois odoriférans, ou du moins des herbes odoriférantes, sèches et vertes, et ce sur le soir.

« Les bois odoriférans seront de laurier, de romarin, de genièvre, de rhordes, salsafras, aloés, bois de sapin et écorce de canelle.

« Les herbes seront : feuilles de romarin, de laurier, de thim, pouliot, marjolaine, sauge, rue, le calament, l'origane, et autres simples de bonnes odeurs.

« Dans les maisons, commander d'allumer des feux de même nature, avec du bois ou autrement du charbon dans le feu clair. On y

brûlera des bois et simples odorans ; dans le
charbon, des poudres et des graines odoriférantes, chez les riches précieuses, chez les
pauvres communes, et en hyver plus souvent,
en esté moins. Desquels aromates la graine
de genévrier et la poudre de soufre me plaisent
le plus, tant pour les uns que pour les autres.

« On chauffera des cassolettes et fumigatoires qui, pareillement, corrigent l'air.

« En hyver, la liqueur sera de bon vin, dans
lequel on fera bouillir du bois de laurier et de
genièvre, clous de girofle, bois d'aloès, huile benjoin et autres aromates d'odeur douce et suave.

« En esté du vin aigre et de l'eau avec escorces d'oranges et de citrons, et les bois de
genièvre avec fort peu de girofle et cauelle,
un peu de racine d'angélique et d'énula.

« Les pauvres feront bouillir, dans eau et
vinaigre, de la graine de genièvre et des simples odorans communs, et graissonner sur
une tuile ou fer bien chaud, de la liqueur, et
feront évaporer cette fumée par tous les endroits de leurs maisons.

« Allant par la ville, on portera quelque odeur douce, suave et agréable pour corriger la malignité de l'air et fortifier les esprits....

« Pour l'hyver, les pommes de senteur faictes avec de bon storax, benjoin, mirrhe, poudre de cipre, de violette, de musc, d'ambre, fleurs de naffe et d'orange, incorporés en forme de pastes, des grains d'Espagne musqués ; des pourpoints de peaux et habits parfumés pour les riches, et pour les moindres, un citron tout lardé de clous de girofle.

« En été, des bouquets de roses, d'œillets et autres fleurs odorantes ; des esponges ou mouchoirs trempés en eau de rose, de naffe, d'orange, etc.

« Que chacun se tienne fort nettement et blanchement, et porte des habits et étoffes les moins épaisses : les riches, satin, taffetas et autres étoffes de soye, évitant le velours ; de la pane et toutes sortes de draps ; les moindres le camelot, serge et autres étoffes rases et légères, et les pauvres la toille.

« Les riches porteront une petite lame d'or

animée de mercure et enclose en toile de Quintin ou autre gaze fort déliée, pendant sur la région du cœur, et s'ils peuvent recouvrer de l'huile essentielle de roses pâles, elle leur servira d'épithème préservatif et cordial, en frottant la région du cœur de deux ou trois gouttes d'icelle, et porteront une cassolette très suave et d'agréable odeur pour la précaution.

« Pareillement, il faut essayer de recouvrer de la vraye essence d'anis, non sophistiquée, et en prendre sept ou huit gouttes en hyver, mêlées avec une cuillerée de bon vin, et en été avec quelques eaux cordiales.

« Ceux qui ne pourront avoir de lames d'or animées porteront du mercure enfermé dans des tuyaux de plumes...

« Chacun modérera le travail de corps et d'esprit, évitera les perturbations de l'âme et les passions : la colère et la crainte; n'endurera rien, faim ni froid, et s'abstiendra de l'embrassement des femmes ; ne s'échauffera point par le travail jusques à lassitude et suerie.

« La sobriété est fort requise, tant en quantité que qualité...

« Les viandes seront assaisonnées savoir: les salades avec sauces aigrettes qui incisent les grosses humeurs et résistent à la pourriture, comme le vinaigre. le verjus, le suc des grenades, oranges et citrons ; et les bouillies seront cuites avec les herbes qui purifient le sang. comme bourrache, buglose, cicorée, soucy, pimpinelle, hysope. marjolaine, pourpier laitue, l'oseille ronde, longue, découpée ou sauvage, et la treffle acéteuse.

« Les fruits crus, salades crues, raves, oignons, laitages, et fromages doivent être interdits, ainsi que les chairs des bêtes mortes, le poisson et tous autres animaux de mauvais suc ou de facile corruption. Et pareillement les cidres, bières, cervoises, eaux croupies et stagnieuses ; mais l'usage du clairet, de l'eau limpide et de la tisanne est permis.

« La replétion aux vaisseaux et dans le foye doit estre évacuée par la saignée avec telle medestie que la nature soit fidellement soula-

gée et non inanie, ni affoiblie. La cacochimie
sera purgée et évacuée par quelque benin
purgatif...

« En hyver vous prendrez quatre grains de
thériaque ou mitridat dissous en deux ou trois
cuillerées de bon vin..

« Les plus delicates, comme les femmes grosses, prendront du vray bol d'Arménie, et de
la terre sigillée jusques à trois grains de chacun, dissous en une cuillcree d'eau rose, la
moitié d'une de vin blanc et quelque peu de
sucre rosat.

« Pour les pauvres l'on fera cuire de la graine
de genièvre en son propre suc, et étant cuite,
l'on tirera la liqueur, toujours au matin, et
par dessus.

« Prenez une once de bonne thériaque, myr-
rhe rouge en poudre, une dragme dix grains
de safran oriental, vingt de bon bésoard,
demi once de contrahyerva ; le tout soit mis en
une livre d'eau-de-vie, la plus excellente, en
une fiolle de terre bien fermée de cire d'Espagne ; faites infuser l'espace de vingt-quatre

heures, à chaleur lente. La dose est pour la précaution d'une once et pour la curation d'une once et demie...

« Les sirops de coings mûrs sont un excellent préservatif, d'autant qu'ils provoquent les sueurs abondamment.

« Les eaux de scabieuse, d'Ulmaria, buglose, contrahierva, sont de même condition...

« La racine de contrahierva produit d'admirables effets... Pour en user, il en faut raper quinze ou vingt grains dans deux ou trois onces de bon vin blanc généreux, qui y tremperont l'espace de douze heures ; cette potion fait suer abondamment. Il la faut exhiber aux malades le matin pour la précaution, et pour la curation, lors du commencement de la maladie, à quelque heure que ce soit. Son effet est de chasser les vents pestiférés du ventre à la circonférence, par des sueurs copieusement puantes...

« Donc incontinent que quelqu'un sera surpris de la peste, qu'il soit saigné selon ses forces de la saffhene, ou veine de la jambe ; s'il parait tumeur en quelque endroit que ce soit, faut ouvrir la veine du même costé » (1).

Cependant, Châtillon-sur-Seine était décimé d'une façon épouvantable. Un chirurgien nommé André Savery s'y fit remarquer entre tous par son devouement à soigner les pestiférés, les soldats blessés, et même les sorciers et les sorcières, que l'on mettait à la torture afin de leur arracher l'aveu de crimes imaginaires. La ville, reconnaissante, exempta Savery de toutes gardes, des tailles et autres subsides, et lui fit don d'une somme de vingt livres.

A cette époque, le devouement ne se payait pas cher.

Afin d'éloigner les malades de la ville, on construisit des abris à la *Pidance* pour ceux de Chaumont, à la *Combe d'Espasses* pour ceux du Bourg (2).

Des gardes aux portes de Châtillon en interdisaient l'approche, tandis que des pro-

(1) Bibliothèque publique, fonds Baudot.
(2) Nesle. — *Voyage d'un touriste dans l'arrondissement de Châtillon-sur-Seine.*

cessions avaient lieu, avec les reliques de *Monsieur Sainct-Vorles*, à Marcenay et dans les villages voisins.

Mais le plus étrange, c'est le pèlerinage ordonné par les magistrats châtillonnais, en 1597, à l'abbaye de Bèze, où reposaient les reliques de saint Prudent, martyr. Le voyage dura trois jours, pendant lesquels les cloches de l'église Saint-Nicolas ne cessèrent de sonner, même pendant la nuit.

Pour répandre la peste, on ne s'y serait pas pris autrement. Ces zélés adorateurs de saint Prudent manquaient terriblement de prudence !

Mais revenons à l'année 1596.

La peste ravageant Beaune, Nuits (on y avait interné des malades au moulin Chaudot), Alise, Autun et autres lieux, les médecins et chirurgiens dijonnais furent de nouveau convoqués à la mairie. On leur posa l'éternelle question : — Quelles précautions convient-il de prendre et quels remèdes faudrait-il administrer aux malades, « en cas qu'il plaise à

Dieu visiter la ville de la maladie contagieuse de peste ? »

D'après leurs réponses, on décida... Mais la maladie sévissait déjà, et tous les habitants sains des maisons pestiférées furent conduits au grand préau de Larrey, où ils durent se construire des cabanes pour s'abriter, tandis qu'on reléguait dans la maison de l'Ile les malades pauvres de l'hôpital neuf, avec défense de vaquer par la ville et par les foubourgs, sous peine d'être arquebusés.

Voilà ce qu'on peut appeler des mesures énergiques.

« Le 27 juillet, il y eut un danger de peste en la rue du Grand Bourg, de façon qu'il fut commandé par MM. les maire et échevins tenir la boucherie aux carrefours et places publiques, qui décria tellement ceste ville du danger, qu'on n'osoit sortir d'icelle » (1).

Un homme de Montsaugeon, malade de la

(1) J. Garnier. — *Livre de souvenance du chanoine Pépin.*

peste, convaincu d'avoir « conversé avec le peuple, » est condamné à recevoir le fouet.

Les écoliers ayant déserté le collége, on permet aux régents de s'absenter pour un mois.

En avril 1597, les dangers de peste ont recommencé fort furieusement, dit encore le chanoine Pépin.

Le nombre des victimes augmentant de jour en jour, la Chambre de ville de Dijon renouvela sa défense à l'endroit des danses et des jeux ; il fut également défendu d'aller visiter les malades à l'Ile, sous peine d'être arquebusé.

Ne vous semble t-il pas qu'on devait faire une grande consommation de poudre en temps de pestilence?

Pour cadeaux du nouvel an 1597, les Auxerrois eurent la peste. C'est alors qu'ils inaugurèrent, avec une grande solennité, le culte de saint Roch, patron des pestiférés.

Au mois d'août 1596, la peste sévissait à Avallon : on y brûlait force aromates et fagots de genévrier, pour chasser le mauvais air ; mais rien n'y faisait. Une partie des habitants avaient fui, ainsi que les chanoines, à l'exception du doyen Lazare Morot. A leur retour, ces chanoines fuyards réclamèrent leurs droits d'assistance ; mais un arrêt du Parlement les débouta, et le revenu des prebendes fut adjugé au digne chanoine qui, seul, avait fait son devoir (1).

D'après M. le docteur Guyton, la peste de 1595-1597 n'aurait été qu'une épidémie de fièvres malignes (2). Bien malignes, en effet !

1602-1603

Les villages de Chaignay et de Savigny le-Sec sont désolés par la peste.

L'Avallonnais fut aussi cruellement éprouvé. Onze paroisses, en tête desquelles était celle d'Avallon, se rendirent processionnellement a Mont-Réal, pour implorer la miséricorde

(1) Ernest Petit

(2) Guyton. — *Notice sur les maladies épidemiques qui ont affligé Autun.*

divine. Le doyen Lazare Morot se signala
encore par les services qu'il rendit aux malheureux (1).

1605-1606

La peste éclate à Mirebeau.

A Dijon, un sieur Pelletet, médecin, étant
mort de la peste, la Chambre ordonne que son
corps sera porté en terre à minuit, avec défense d'assister à ses obsèques et injonction
à sa veuve et à ses domestiques de rester en
leur maison sans communiquer avec qui que
ce soit jusqu'à nouvel ordre.

La conduite des saccards de la maison de
l'Ile, chargés de la garde des pestiférés, lais-
sant à désirer, le maire leur commanda de se
mieux comporter à l'avenir, sous peine d'être
arquebusés.

Le maire accorde à un Italien la permission
de vendre à Dijon de l'*huile de pétrole*, ainsi
que des baumes et antidotes dont les médecins ont reconnu les propriétés salutaires.

(1) Ernest Petit.

1620-1622

La Cour des Aides abandonne Dijon, où sévit la peste, et se retire à Châtillon-sur-Seine. Le Parlement fait de même en 1622.

1627-1637

Une peste de dix ans ! Il est difficile, en effet, de trouver dans cet intervalle une année pendant laquelle l'infatigable faucheuse d'hommes se soit reposée. Toujours elle va ! toujours elle éteint des existences ! toujours elle précipite les populations affolées dans la fosse commune !

Afin de conjurer la peste et la famine qui menaçaient la province, Messieurs du clergé de Dijon conviennent le 23 juin 1627 :

« Que le clergé jeunera le samedi suivant ; il se confessera, dira la messe. Ordre sera donné au peuple de jeuner aussi le samedi, de se confesser et de communier. Un prédicateur préchera à Saint-Jean et on fera des processions particulières par toutes les églises » (1).

(1) Registre des délibérations de Messieurs du clergé de Dijon.

A Auxerre, on prenait des mesures plus sé-
rieuses. Un hôpital pour les maladies contagieuses y avait été bâti en 1603, au nord, sur
le bord de l'Yonne, dans le lieu qui porte encore le nom de la Maladière, sous le patronage
de saint Roch. En 1627, à l'approche de la
peste, on nomma un chirurgien de cet hôpital,
aux gages de 50 francs par an, et, *s'il y avoit
contagion, un habit de camelot*. Dès le printemps suivant l'hospice étoit encombré de
pestiférés, et cela dura jusqu'à l'hiver (1).

Au printemps de 1628, Autun, Nolay, Paray-
le-Monial, Mâcon, Moncenis, sont infectés.

D'après M. le docteur Guyton, il s'agissait
ici de la véritable peste. « De toutes les épidémies que je passai en revue, — dit-il dans sa
*Notice sur les maladies contagieuses qui ont
désolé Autun*, — une seule a offert les signes
distinctifs de la peste d'Orient, c'est celle de
1627 et 1628. »

Les principaux signes de cette maladie se
manifestaient par des bubons qui paraissaient

(1) Lebœuf

sur différentes parties du corps ; la chair des malades semblait frappée par le feu, se détachait de leurs os, et tombait en pourriture (1).

« A Beaune, au mois de juillet, des marchands étrangers, logés au faubourg Saint-Martin, communiquèrent la peste aux personnes qui se présentèrent pour acheter leurs marchandises ; on remarqua que les premiers qui en furent attaqués, étoient des personnes de l'âge de quinze à vingt-cinq ans; la maladie s'étendit ensuite à tous les âges, et devint en peu de temps presque universelle. Il périt beaucoup plus de monde que durant les contagions qui infectèrent le pays en 1533, 1586 et 1596. Beaune devint désert ; la plupart des maisons et des boutiques furent fermées, et l'herbe crût d'un demi-pied dans les rues les plus fréquentées auparavant ; plusieurs habitants se retirèrent à la campagne, et ceux qui restèrent à la ville, suffisaient à peine pour soulager les mourans

(1) Document des archives d'Autun, cité par le docteur Guyton

et enterrer les morts. Avant que la contagion
commençât à Beaune, et lorsqu'on n'étoit encore que menacé, on eut recours à Dieu , on
fit des prières publiques et des processions
générales ; le ciel fut inexorable : le mal cependant se répandant de toutes parts, on lo-
gea d'abord les pestiférés dans l'hôpital du
Saint-Esprit et dans les maisons de la com-
manderie à Saint-Jacques et à Saint-Jean ; et
comme le nombre des malades augmentoit et
qu'ils étoient comme abandonnés, il fut réglé
par les magistrats, que les pestiférés seroient
portés à l'Hôtel-Dieu, malgré l'opposition des
maîtres et des sœurs ; mais on fut obligé bientôt de les retirer, pour conserver la vie à
ce qui restoit de malades et d'hospita-
lières » (1).

Dijon ne tarde pas à être atteint. Un homme y meurt pendant l'été de 1628, dans la
maison du sieur Renoillet ; aussitôt cette maison est fermée à clef, et à la tombée de la nuit,

(1) Gandelot. — *Histoire de Beaune.*

tous ceux qui l'habitent sont conduits dans l'Ile.

On agit avec la même vigueur envers les Capucins. Le père vicaire ayant succombé de la peste, il fut enjoint aux Capucins de ne point communiquer avec les habitants, sous peine de privation de leurs aumônes. C'était une manière comme une autre de les arquebuser.

Le 26 juillet 1629, on fait à Dijon des prières publiques « pour éloigner la contagion qui est autour de la ville. »

En 1630, Saint-Jean-de-Losne et Mâcon sont frappés, et pendant l'automne, deux personnes meurent encore de la peste à Dijon même.

La contagion sévissant aux environs d'Auxerre, on ferma deux de ses portes et les autres reçurent une garde avec la consigne d'empêcher l'entrée à tous ceux qui viendroient des lieux infectés.

Mais, en 1631, la peste franchit toutes les

barrières et pénètre dans les villes. Elle est à Dijon, à Auxerre, à Mâcon.

Le 5 mars, déjà en pleine contagion, la Chambre de ville de Dijon ordonne des prières publiques pour empêcher les grandes chaleurs.

Les Minimes, ayant peu d'espace dans leur couvent, la ville leur permet, à cause des maladies contagieuses, de se promener à toute heure sur le boulevard de Saulx, et leur en remet les clefs.

Sévères au possible étaient les Nuitons. Ils refusaient l'entrée de leur ville à toutes les personnes venant de Dijon, même à celles munies de bulletins de santé. La Chambre de ville de Dijon ordonna, par réciprocité, que toute personne venant de Nuits ne pourra approcher des portes et faubourgs de Dijon, sous peine d'être arquebusée.

« La contagion se répandit partout en peu de temps, — disent les *Annales du Monastère de la Visitation Sainte-Marie, de Dijon,* — et toutes les maisons voisines du monas-

tère en furent infectées. Une bonne fille, au
service de nos sœurs tourières, fut atteinte de
la peste et mourut après trois jours de maladie. La mère Françoise Jéronime avait précé-
demment pourvu à l'approvisionnement du
monastère, de manière à éviter toute communication avec le dehors. On avait pratiqué au
fond du jardin une espèce de grillage en bois,
où M. Burette confessait la communauté. Il
entrait tous les matins pour dire la messe
dans une chapelle voisine de la maison, et dédiée à saint Bernard. Jamais temps ne parut
plus tranquille. Nos chères sœurs trouvaient
de saintes délices dans cette entière sé-
paration du monde et vivaient sans crainte à
l'ombre des ailes du Seigneur. »

Quelle page peindrait mieux le saint égoïs-
me des cloîtres?

Afin de conjurer le mal, la ville renouvela le
vœu fait à sainte Anne en 1531.

D'après certains documents, la peste alla
aussitôt en décroissant, si bien que la
Chambre permit aux bouchers de remettre

devant leurs maisons de la rue du Grand-
Bourg, les bancs qu'elle leur avait enjoint de
poser au coin des rues.

Mais on ne se considérait pas encore comme
sauvé et les règlements sanitaires étaient ap-
pliqués avec rigueur.

La veuve Roussotte par exemple est con-
damnée au fouet et au bannisement pour con-
travention aux ordonnances sur la peste.

Comme il n'y avait plus qu'un malade dans
la maison de l'Ile, des commissaires furent
chargés de faire démolir les loges où les pestiférés avaient fait quarantaine, et de faire fermer le cimetière, pour que chiens et loups n'y
puissent entrer.

Dans l'Auxerrois, l'année 1631 avait aussi
été fatale. Au mois d'octobre, le bourg de
Saint-Bris étant envahi par la maladie, une ordonnance de police interdit à ses habitants
l'entrée de la ville, en leur enjoignant, s'ils
voulaient y demander des vivres ou des médicaments, de présenter, au bout d'un bâton,
leurs lettres au concierge de la porte du pont,

qui les remettrait au maire. Malgré ces précautions, la contagion avait reparu à Auxerre
un mois après et y faisait pendant deux ans
consécutifs de grands ravages. A cette époque (1632), la ville de Tonnerre perdait 3,500
personnes, c'est-à-dire au moins les deux tiers
de sa population.

Pendant l'été de 1632, la peste se déclare à
Châtillon-sur-Seine; assoupie un instant, elle
se réveille dans toute sa force en 1633.

Dès le mois de février de cette année, trente-
sept loges nouvelles avaient été construites hors
de la ville, pour les pestiférés. Un été brûlant
augmenta beaucoup le mal.

Les morts étaient si nombreux qu'on ne les
ensevelissait plus : des saccards les traî-
naient aux cimetières, et bientôt ces hommes
courageux manquèrent...

Naturellement la ville récompensa ses magistrats en les exemptant de tailles ; on ne
cite point d'encouragement pour les saccards,
cependant si dévoués, si utiles, si indispensa-
bles pendant ces jours d'horreur. C'est beau,

pour un maire, de rester à son poste ; mais
que dire de ces malheureux vivant au milieu
des pestiférés, les soignant, les veillant, les
conduisant à la fosse commune ; de ces pa-
rias témoins de tant de souffrances, de tant
d'agonies ?

Un prêtre, Pierre Jaulpy, se conduisit ad-
mirablement aussi. Avec l'aide d'un domesti-
que, il se construisit une cabane hors des
murs de Chaumont, la meubla d'un lit, de
deux plats et de deux écuelles de bois, d'un
cuvier pour la lessive, et y demeura pendant trois mois, prodiguant les secours aux
pestiférés ; secours de l'âme et du corps, car
il était un peu médecin.

En juillet 1634, nouvelle recrudescence du
fléau en Bourgogne. Nul n'était reçu dans les
villes, qu'il ne justifiât d'un passeport en bonne forme.

L'invasion de Galas en 1636, ramène la peste, et la famine, et la désolation générale, surtout dans le Dijonnais. Auxonne compte
3,500 morts, Selongey, 2,800, Is-sur-Tille

800. Gemeaux, plus de 700 en trois mois, La-
marche-sur-Saône, 600, Pichange, 260, Chaignay, 90, Lux, 30. A Beaune, 200 chefs de
maisons meurent de la peste ; Avallon perd
900 personnes ; Semur, Nuits, Bèze, les Mail-
lys, Talant, Saint-Seine-en Bâche, Saint-Mau-
rice-sur-Vingeanne ont aussi une partie de
leur population décimée.

A Thil-Châtel s'était réfugié Abraham de
Fribourg-Zéringhen, un descendant en ligne
directe et légitime de Hugues de Zéringhen et
de Jeanne de Rogensburg, de la maison de
Souabe. Ce Hugues de Zéringhen était arrière-
petit fils de Bertold Ier, petit-fils de Bertold III,
fils de Conrad Ier, frère de Bertold IV, oncle
de Bertold V, que sais je encore ? — lesquels
ont été princes souverains, fondateurs des
villes de Fribourg en Brisgau, de Fribourg
en Suisse, de Berne et de plusieurs abbayes. Eh
bien, de ce noble rejeton la peste fit, le 4 décembre 1636, un cadavre convulsé, noir, hideux,
qu'on s'empressa de couvrir d'une plaque de
bronze, afin que la postérité se rappelât son nom.

Il est oublié comme les autres pestiférés du
village, le noble Abraham ! et nos pères ont
pu voir à Thil-Châtel même le dernier des Fribourg-Zéringhen, un brave vigneron, allant
gaiement aux vignes, la hotte sur le dos, le
paisseau à la main, coiffé d'un bonnet de
coton bleu, et s'inquiétant autant de ses
illustres ancêtres que du vin bu à la dernière
fête paroissiale.

Mais revenons à la peste et écoutons ce rapport des commissaires chargés de la recherche
des feux en 1644 :

« A Blaigny, ils nous ont aussi dict, que
dans les restes des maisons. il y a plusieurs
corps humains morts, des charoignes et voi-
ries, ayant esté impossible de faire enterrer
les ditz corps humains, ni nétoyer les dites sa-
letez et charoignes à cause qu'il ne demeure
plus aucun habitant au dict Blaigny.» (Procès-
verbal de 1637 (1).

(1) Rossignol. — *Le Bailliage de Dijon, après la
victoire de Rocroy.*

Heureusement l'héroïsme des habitants de Saint-Jean-de-Losne, où régnait aussi la peste, jeta un rayon de gloire sur nos pays désolés par la contagion et par Galas, plus terrible encore.

FIN

TABLE

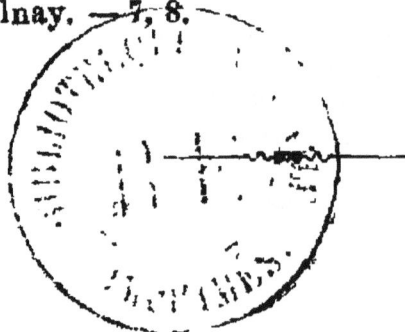

Dijon, imp. Carré.

www.ingramcontent.com/pod-product-compliance
Lightning Source LLC
Chambersburg PA
CBHW060643100426
42744CB00008B/1740